AF371571

LE BEAU LÉANDRE,

OU
LE RIVAL TOURMENTÉ,

OU

LES AMOURS

DE

PIERROT ET COLOMBINE,

OU

CONSTANCE ET FIDÉLITÉ
RÉCOMPENSÉES.

Folie-Parade et compilation en un acte, orné d'un repas, d'immersion et de tout son spectacle.

———

LILLE,
...ERIE DE BLOCQUEL.
1826.

Personnages.

CASSANDRE.
COLOMBINE.
PIERROT.
LÉANDRE.
DOMESTIQUES.
CHIRURGIENS.
APOTHICAIRES.
GONDOLIERS.

Le beau Léandre.

SCÈNE I.re

PIERROT ET COLOMBINE.

ILS se jurent amour et fidélité. Colombine est triste, Cassandre, son tuteur, a disposé de sa main. — Nouveaux sermens. — Épanchemens de tendresse.

SCÈNE II.

LES MÊMES, CASSANDRE.

Cassandre surprend les deux amans. — Colère de Cassandre. Il veut chasser Pierrot. — Pierrot et Colombine sollicitent Cassandre de consentir à leur bonheur. — Refus de Cassandre. — Les deux amans se jettent à ses genoux, mais il est inflexible. (*A la fin de l'allégorie on apporte une lettre d'une dimension extraordinaire. On y lit en gros caractère :* LÉANDRE ARRIVE POUR ÉPOUSER COLOMBINE, PUPILLE DE CASSANDRE). Musique lointaine ; elle fixe leur attention. Ils regardent, et aperçoivent Léandre, arrivant sur une chaloupe pavoisée et décorée. — Désespoir de Pierrot ; il passe de là à la fureur, et sort, en jurant de se venger. Colombine lui promet de n'avoir jamais d'autre époux.

SCÈNE III.

CASSANDRE ET COLOMBINE.

Continuation du chagrin de Colombine. Cassandre cherche à l'appaiser.

SCÈNE IV.

LES MÊMES, LÉANDRE.

Le canot aborde, Léandre, personnage ridicule, se jette au cou de Cassandre et l'embrasse. — Cassandre le présente à Colombine. — Empressement de Léandre. — Dédain de celle à qui on le destine. —Cassandre se retire avertissant Léandre qu'il va donner ses ordres pour qu'on serve le dîner. Il l'encourage à vaincre la résistance de Colombine. *Cassandre sort.*

SCÈNE V.

LÉANDRE et COLOMBINE.

Déclaration d'amour de Léandre ; elle est rejetée. Il insiste, et se jette aux genoux de Colombine.

SCÈNE VI.

LES MÊMES, PIERROT.

Au moment où Léandre qui est à genoux, a saisi la main de Colombine pour la lui baiser. Pierrot lui applique un coup de la forme de son chapeau sur la figure, qui en reste blanchie par la farine dont Pierrot avait garni son chapeau. — Léandre furieux, se relève, et veut chasser Pierrot, qui lui applique un soufflet. — Léandre encore plus furieux met la main à son épée et la tire ; mais au lieu d'une lame, c'est un éventail dont il se sert pour appaiser sa colère.

SCÈNE VII.

LES MÊMES, CASSANDRE.

Cassandre chasse Pierrot, qui sort en menaçant.

SCÈNE VIII.

LES MÊMES, excepté PIERROT.

On apporte la table servie. On se place. Léandre boit et mange de la manière la plus gloutonne. Il rend une bouteille vide et en demande une pleine ; on la lui apporte ; il va pour s'en servir, mais aussitôt la bouteille lance des flammes. Cassandre et Léandre sont effrayés, Colombine montre de la crainte, mais elle est rassurée par Pierrot, qui paraît à l'entrée du théâtre.

SCÈNE IX.

Quand les flammes ont cessé, on se remet à table. Léandre jette la bouteille à l'eau et en demande une autre. Celle-ci contient du vin. Léandre rassuré va pour entamer un pâté qui se trouve sur la table, mais un paquet de pétards qui s'y trouve renfermé fait une explosion, et lui cause une frayeur épouvantable. *Colombine sort.*

SCÈNE X.

LÉANDRE et CASSANDRE.

Cassandre veut suivre Colombine, mais il s'embarrasse dans une chaise et tombe à plat ventre. De son côté Léandre, qui a fait le tour du théâtre pour se sauver aussi, arrive près de Cassandre, l'aperçoit et veut l'arrêter; mais il tombe à plat ventre en sens inverse de Cassandre et sur lui. Cependant la frayeur lui fait perdre connaissance. Cassandre qui s'est relevé, voit l'état dans lequel se trouve Léandre ; il va chercher du secours. Des domestiques arrivent, Cassandre leur ordonne de chercher un médecin.

SCÈNE XI.

LES MÊMES, **PIERROT** *en médecin*, **UN AIDE.**

(*Marche de Pourceaugnac*). **Pierrot** tâte le pouls de Léandre, le trouve dangereusement malade. Il parle bas à son aide ; et indique à Cassandre qu'il faut faire préparer un lit pour Léandre. Cassandre sort pour en donner l'ordre.

SCÈNE XII.

PIERROT, LÉANDRE, CHIRURGIENS ET APOTHICAIRES

On voit arriver une douzaine de garçons apothicaires armés de séringues, et deux chirurgiens, dont l'un porte un baquet. On place Léandre sur deux dossiers de chaises.

Le médecin fait approcher le baquet qu'on a rempli d'eau, il y jette deux ou trois paquets de poudre noire, blanche, rouge, etc., mêle le tout; fait mettre un grand entonnoir dans la bouche de Léandre, et y fait verser le contenu du baquet, tandis qu'on montre au public une banderolle portant les mots : *VOMI-PURGATIF*. On ôte ensuite l'habit de Léandre; on lui retrousse la manche, comme pour le saigner; mais il reprend connaissance, et est saisi d'effroi à la vue d'une énorme lancette. Il se sauve; mais Pierrot le fait poursuivre par les chirurgiens. Léandre alors fait signe à deux bateliers qui s'arment de sabre; deux apothicaires jettent leurs séringues et s'arment également. Grand combat dans lequel les bateliers sont vaincus. Les bateliers se réfugient dans leurs nacelles. On veut alors s'emparer de Léandre; il croit s'échapper, on lui coupe la retraite, et il n'a plus d'autre parti à prendre pour les éviter, que de se jeter à l'eau, et il s'y lance. Des garçons apothicaires, la séringue en bandouillère, s'y précipitent après lui, pendant que des bateliers le recueillent et le ramènent en scène, Cassandre et Colombine arrivent.

SCÈNE XII.

LES MÊMES, CASSANDRE ET COLOMBINE.

Les garçons apothicaires se retirent, on ramène Léandre ; Cassandre est au désespoir ; Colombine rit aux éclats de la figure de Léandre, qui est furieux de ce qu'on ne le plaint pas. Colère de Cassandre contre le médecin. Ils se quérellent ; Cassandre le tire par la barbe, qui lui reste dans la main ; il reconnait Pierrot. Sa fureur redouble. Il lui arrache sa robe, et Pierrot paraît en habit ordinaire. Colombine veut l'appaiser, mais en vain ; il ne se calme que quand Colombine prend Léandre pour époux. Refus de celui-ci, qui s'aperçoit qu'il n'est pas aimé. Nouvelles prières des

amans ; Léandre se joint à eux et déclare for-
mellement renoncer à la main de Colombine ; Cassandre est inflexible. Désespoir de
Pierrot ; il est décidé à mourir ; il s'élance
vers le bord du théâtre. Colombine veut
le retenir et se trouve entraîné par Pierrot. Ils tombent tous deux dans l'eau , et
Cassandre qui a voulu rattrapper Colombine tombe à la renverse avec un pan de
robe à la main.

LILLE. — IMPRIMERIE DE BLOCQUEL.

www.ingramcontent.com/pod-product-compliance
Lightning Source LLC
LaVergne TN
LVHW010917180726
843502LV00010B/4184